무덤덤한 이별

― 박미덕 제2시집

책을 펴내며

어느 날 문득 어느 가수의 노랫말이 생각났습니다.
'하루를 살아도 행복할 수 있다면 난 그 길을 택하고 싶다'
그랬습니다.
난 지금 그 길을 택해서 가고 있습니다.
불을 향해 달려드는 불나방처럼 무모한 사랑이라 해도 빠져보고 싶었습니다.
그리하여 짧은 시간이 될지라도 행복할 수 있다면 내 지난 날들의 보상이라고 스스로 위로하며, 아파도 후회하지 않을 겁니다.

첫 시집을 출간하고 한 동안은 시를 쓰지 못했습니다.
겁도 나고 부끄럽기도 했으니까요.
그렇지만 숨기는 싫었습니다.
내가 떳떳해져야만 내 시도 떳떳할 거라 생각하며 근거없는 자신감으로 2집을 출간하게 되었습니다.

시간이 갈수록 열정은 식어가는데 놓지 못한 것이 많아서 삶이 무거워지는 것을 부쩍 느끼는 요즘입니다.

시라도 써서 무거운 짐을 덜어야겠기에 자꾸자꾸 밖으로 끄집어 냅니다.
이렇게 마음의 짐을 덜어내다 보면은 언젠가는 훨훨 날 수 있겠지요.

■ 차례

책을 펴내며　6

1부
■
그리움의
씨앗
발아하다

13　그리움의 씨앗 발아하다
15　추억, 그 사소한 떨림
17　유채꽃 연서
19　목련꽃등
21　물그림자
23　또, 봄
25　가을을 보내는 법
27　기다림
29　봄의 장송곡
31　내 시어詩語는 가출 중
33　유채꽃 엄마
35　상처치료법
37　연리지 사랑
39　타투
41　지우개
43　사랑의 모순
45　봄, 피다
47　가시버시의 봄
49　명자꽃 피던 날

2부

**너
바라기 꽃**

53　홍도
55　아네모네
57　배롱나무 꽃
59　너 바라기 꽃
61　벚꽃 사연
63　보길초의 별
65　초승달 점방
67　줌마, 설레다
69　장작
71　쫑포 나루터
73　위대한 개츠비
75　아랫목
77　로마의 휴일
79　비의 하모니
81　마삭줄
83　물의 꿈
85　돈의 상처
87　딸의 편지
89　그대들이 의병입니다
91　73℃
93　붕어빵
95　영자언니 덕자
99　어머니의 냉장고

3부
■
너는
가고 없어도
가을은 온다

103 너는 가고 없어도 가을은 온다
105 혼자라는 말
107 정동진 연가
109 나비
111 도리상처럼 살아가리라
113 구름의 에필로그
115 바람의 낙서
117 하늘바라기
119 느끼다
121 백야도 소나타
123 손녀에게
125 무덤덤한 이별
129 겨울나무
133 너에게로 가는 길

135 발문 | 백학근 시인

1부

그리움의 씨앗
발아하다

◆ 시작메모

그리움이란 봄, 여름, 가을, 겨울 계절마다 다르게
피어나지요
어떤 때는 벚꽃처럼, 어떤 때는 하늘나리처럼,
어떤 때는 코스모스처럼
어떤 때는 시클라멘처럼…

그리움의 씨앗 발아하다

며칠 전부터 간질거렸습니다
어린아이 젖니마냥
꿈틀대던 씨앗들이
껍질을 뚫고 발아하고 있습니다

십여 년 전에 꽁꽁 싸서
묻어둔 아픈 기억과
봄 가시나의 물오른 가슴이
그동안 썸을 탔나 봅니다

씨앗은 눈물로 발아되어
날마다 지나는 길 위에
뿌려집니다

이 길,
얼마나 걸어 다녀야
질경이처럼 일어나는
이 그리움을 지울 수 있을까요

추운겨울 이겨낸 동백이
제 목숨 다할 때 쯤이면
지워져 있을까요

◆ 시작메모

여자나이 50이 넘으면 여자가 아니라는 우스갯 소리도 있습니다만
여자는 50이 넘어도 여자입니다. 소녀입니다.
가슴에서 북소리 동동 울리는…

추억, 그 사소한 떨림

안도의 조그만 민박 집
어깨에 새초롬히 내려앉은
새털 같은 꽃

동네를 스캔하던 내 눈에
웨딩드레스의 브로치같이
빛나던 하늘타리

순간,
30여 년 전
수줍은 하얀 드레스와 손 맞잡던
검은 턱시도 남자의 말간 웃음이
민박집 담장에 그려지고
가슴엔 북소리 동동 울려 퍼진다

추억은
아릿한 기억의 조각에
가슴의 작은 파장을 더한
사소한 떨림 같은 것
빗살무늬 햇살처럼 날아올랐다.

◆ 시작메모

사랑한다는 말, 가슴에 담아두지 마세요
배꽃이 속삭이는 소리는 들을 수 있어도 당신 가슴속에
담아둔 말은 들을 수가 없답니다.

유채꽃 연서

겨우내 동여 맨
가슴팍 풀어 헤치고
이젠 당신의 애타던 마음을
받아들이겠노라고
노란 우표 붙여 기별을 보냅니다

수양벚꽃 마냥 늘어진 목을 하고
무작정 기다린다는 것이
봄비에 착 달라붙은
실크 블라우스 속 봉오리가
시덥잖은 햇볕의 농에
하늘하늘 부풀어 오르듯
부질없음을 알았기에
이젠 내가 당신을 만나러 가겠노라고

언젠가
병아리 마냥 노란 귓볼에
속삭여주었던 밀어가
이팝처럼 튀어 올라
마냥 가슴이 울렁거렸던 그날도
난 당신에게 편지를 썼지요

사랑한다고.

◆ 시작메모

이미 아내가 있었던 바다의 신을 사랑한 공주가 이루지 못한 사랑에 대한 원망 때문에 붉은 목련으로 피어났다는 슬픈 전설을 가진 꽃. 잎보다 꽃을 먼저 피우는…

목련꽃등

환장하게 고운 봄날에
꽃부터 피우더니
벌떡거리는 가슴을 주체 못하고
사랑 찾아 나선 길

차가운 북쪽바다
이루지 못할 사랑에
가녀린 몸을 날려
어디로 가려했을까?

연꽃을 닮아 목련이라는
숭고한 꽃이여
사랑도 이별도 한순간의
자지러짐인 것을

우윳빛 가슴
부풀어 오른 사랑의 무게를
견딜 수 없어

봄비 내리는 밤
북쪽바다 님 계신 곳까지
환환 꽃등 밝혀 섰다.

◆ 시작메모

잔잔한 호수 위에 물그림자 어리면 어디가 하늘인지
어디가 호수인지 서로 맞닿는 그 곳에 피어나던
그리움으로 채색된 수채화 한 폭.

물그림자

마알간 물감으로 채색된
고요 속에 잠긴 한 폭의 수채화

어느 아름다운 날을 기억하기 위해
그렇게도 열심히 그려놓은 거니

땅거미가 내리면
너의 수채화도 사라지겠지

잔잔한 호수 위에 그린 너의 그림
견디다 못한 바람이 일렁이면
너, 수묵의 그리움으로 번질테지

기다림은 그리 길지 않을 거야
호수는 항상 너를 위해
푸른 이젤을 준비해 둘테니까.

◆ 시작메모

0.7% 차이로 어떤 이의 가슴은 아직도 얼음장 아래로 흐르는 강물인데 내리는 빗줄기는 마른 땅을 촉촉이 적시고…

또, 봄

마음의 빗장도
풀리지 않았는데
목련꽃은 벙그러지고
벚꽃 눈도 헤실거리며
눈웃음 친다

어떤 이의 가슴은
아직도 얼음장 아래로
흐르는 강물인데
수양버들 가지처럼
늘어진 빗줄기는
배고픈 아기에게 수유하듯
대지에 사랑스런
미소를 보낸다

또, 봄이라는데
내 맘속의 꽃눈은
언제쯤 피어나려나.

◆ 시작메모

여름에서 가을로 접어 들 때 스치는 바람엔
눈물이 실려 오나 봅니다
길을 걷다가도, 라디오를 듣다가도, 군중 속에 파묻혀
있다가도 자꾸자꾸 눈물이 흐르는걸 보면...

무덤덤한 이별

가을을 보내는 법

당신이 가고 열 번째 가을입니다.
엊저녁 내 울어대던 귀뚜라미 소리가
무척 크게 들렸던 것은
내 방에 빈 공간이
너무 많아서 인가 봅니다

아침 출근 전 한번 씩 둘러보는 베란다에
마삭 줄 잎 몇 개가
벌써 빨간 단풍이 들었더군요

푸른 몸을 가진 화초들이
진즉 가을을 알리고 있었는데
미련한 촉수를 가진 나만
몰랐던가 봅니다

어쩌면 몰랐던게 아니고
모른 척 했는지 모르겠습니다
당신이 없는 가을이
무서워지기 시작했거든요

올 가을도
가슴에 고인 말은 발화가 되지 못하고
또 백지 위에 쌓이게 되겠지만
당신에게 단풍잎 편지를 쓰는 게
내가 가을을 보내는 유일한 방법입니다.

◆ 시작메모

새가 우는 게 꽃을 부르는 소리였다고?
그럼 꽃이 우는 건 새 때문인 거야?
아니야 꽃은 나비를 기다리다가 지쳐서 우는 거지…

기다림

기다림도 시가 될 줄 몰랐습니다
그대를 기다리는 동안
만나면 해줄 사랑의 표현을 찾느라
하루가 가는 것도 몰랐습니다

오지 않을 거라 생각하면
가슴이 아프지만
올 거라는 생각을 하며 보내는
하루하루는 지루하지 않습니다

하루를 기다리며
오지 않을 거란 생각보다
한 생을 기다려도
언젠간 올 거라 믿으며
날마다 시를 씁니다

그대 어디쯤 오고 계시는 거죠

그댈 기다리는 동안
날마다 아름다운 시를 엮어서
멋진 시인이 되어 있을 것이니
그대
천천히 조심히 오시구랴.

◆ 시작메모

봄이 떠나는 길은 꽃들의 상처 투성이다.
그 상처를 밟고 떠나야 하기에 봄은 해마다 슬픈거지.

봄의 장송곡

봄 꽃 자지러지며 곤두박질치는
수덕사 오르는 길

일주문 지나 들어선 경내
"차 한 잔 하고 가시지요"
여승의 목소리가
비 내리는 날의 벚꽃 잎 같다

그녀의 얼굴 사이사이로
푸른 정맥이 살아온 길을 더듬으며
지나고 있고
손등엔 사금파리 마냥 추억이 앉아있다

파르라니 깎은 머리 위로
일렁이는 바람
비우며 용서하며 살아온 세월이
불향으로 번진다.

작년 가을에 거두어 만들었다는
국화차를 따르는 여승의 자태에서
먼 길 떠난 어머니의 치맛자락 소리가 들린다

멀어지는 봄의 장송곡이다

◆ 시작메모

길들여진다는 것, 시 쓰는 일도 길들여져야만
좋은 시를 쓸 수 있는데
드문드문 억지로 쓰려하니 시어가 가출할 수 밖에…
길들여진 나도 수시로 일상탈출을 꿈꾸는데.

내 시어詩語는 가출 중

요즘 일과에 쫓기느라
시 쓰는 일을 등한시 했다
아니 도통 시가 써지질 않았다

컴퓨터 속 글을 내 머릿속으로
어거지로 구겨 넣었더니
'통'하고 다시 튀어나온다
에라이, 종료버튼 누르고 나와
2014년 신춘문예 당선시집을 읽는다

도대체 요것이 다 뭔 내용이당가?

아까 다시 튀어나온 컴퓨터 속의 글이
바깥세상 미세먼지와 혼합되어
형이상학적 문장을 만든다

당최 이해할 수 없는 시어들
내 시어도 아직 가출중이다

◆ 시작메모

엄마라는 이름만 들어도 가슴이 울컥해지는 게
우리들 아닌가?
나의 어머니는 너무 일찍 내 곁을 떠나셔서인지
울컥 쏟아지는 그리움은 없다.
그리움이라는 것도 너와 나 사이에 추억이란 단어가
자리해야 생기는 것 아닐까?

유채꽃 엄마

유채를 많이 먹으면 낫는다는 풍문에
얼마나 드셨길래 채독菜毒으로 먼 길을 가셨는지
그 시퍼렇던 청춘에
달랑 딸 하나 남겨두고
유채꽃 따라 나섰는지

엄마의 치맛자락처럼
너른 율촌 들녘
흔들리는 유채꽃은
수많은 사람들 가슴에
축제처럼 피어나는데

하마 동동다리 어디쯤
오고 계시는지
유채꽃 축제장에
엄마는 아직도 안오시네.

◆ 시작메모

상처라는 단어를 국어사전에 찾아보면
'피해를 입은 흔적'이라고 나와 있다.
또 피해라는 단어는 '생명이나 신체, 재산, 명예 따위에
손해를 입음'이라고 나와 있다.
하지만 마음의 상처는 피해나 손해가 아닌
자학이 아닐까?

상처치료법

칼로 베인 상처보다
말로 베인 상처가 더 아프다는 것
그래서
상처 중에 가장 아픈 상처가
마음의 상처라지
약도 없고 주사도 없고
단지
시간만이 낫게 해준다는

하지만
꼭 시간이 다 해결 해주는 건 아니었어

덜 아문 상처에
또 다른 상처를 더 하다보면
메스로도 도려내지지 않는 옹이가 되는 건데
옹이의 상처를 알게 되었을 땐
어떤 치료제도 없다는 것을 알았어

신약!
쳇! 개나 먹으라지
옹이의 상처치료제는
스스로 뿜어내는
용서의 페로몬 밖에 없다고.

◆ 시작메모

오래전 어느 절에 갔다가 처음으로 연리지를 보았었다. 그때엔 그 나무가 너무 아름다웠었고 괜히 가슴도 아렸었다. 오랜 시간이 지난 후, 내 맘속에 찌든 때가 많이 꼈나보다. 똑 같은 나무를 보면서도 서로를 구속하는 느낌을 받았으니…

연리지 사랑

둘이 하나되길 간절히 원해
한 몸이 되었지만
모진 풍파에 두 마음이 되어버린
슬픈 나무여

부둥켜안고 놓아주지 않으려는
욕심이 서로에게
구속이 될 줄 몰랐구나

모든 만물은 시간 속에 변하는데
둘이 한 몸으로
다른 곳을 바라보며 산다는게
얼마나 아픔인 줄도
너는 몰랐구나

◆ 시작메모

누군가에 가슴에 점하나 새긴다는 것
그건 그냥 멍처럼 내 가슴에 담아 두는 것.

타투

보이지 않아도
가슴에 새길 수는 있는 거지

눈에서 멀어지면
가슴에서 멀어진다 해도

어떤 날
괜히 안구건조증처럼
가슴이 먹먹해지는
그리움이 찾아들면

멍처럼 그냥
가슴에 담아두는 것.

◆ 시작메모

사람의 머릿속에 지우개가 없어 모든 것을 다 기억해야 한다면…
과부하로 언제 터질지 모르는 시한폭탄이 되어버리지 않을까 걱정해 본적이 있다.
사랑도, 이별도, 아픔도, 조금씩 지우며 살아가야 먼 길 떠날 때 가볍지 않을까?

지우개

사랑이 부르면 항상 대답하는
그 자리에 있을 줄 알았니

사랑이 손짓하면 항상 잡히는
그 자리에 있을 줄 알았니

사랑은 움직이는 거라잖아
사랑은 변하는 거라잖아

니가 날 불러주지 않을 때
니가 날 안아주지 않을 때

내가 널 불러도
대답해 주지 않을 때
난 너의 모습을 조금씩 지웠어

네 모습도 어느덧
조금씩 조금씩 지워지고 없더라.

◆ 시작메모

사랑이 기차레일과 같을 수는 없는 것.
서로의 생각이 다른 점을 인정하며 네모난 테두리를
둥그렇게 만들어 가는 것.

사랑의 모순

나는 타인이 되자하고
그 사람은 연인이 되자합니다

그 사람과 나의 생각이 다른 점은

나는 너무 사랑해서 이고
그 사람은 사랑이 식어서 랍니다

모순이 모순을 묻는 사이
두 사람 그림자가 그네가 됩니다.

◆ 시작메모

피어난다는 건 새로움이지만 새로울 때마다 다른 건 아니야, 같은 새로움도 시간이 지남에 따라 또 지워졌다 다시 생각나는 것에 따라 또 다시 새로워지는 거지, 그래서 봄은 항상 새로워… 내 가슴에 깃들어 있는 네가 다시 생각날 때마다 새로운 것처럼.

봄, 피다

나는 상처를 잘 받아
그래서 치료법도 잘 알지

너처럼 모진 눈보라 속에서
꽃눈을 틔우 듯
깊은 상처도 서서히
속에서부터 아물어
어느 날 추억으로 피어나지
상처가 아물 때 간지러운 건
하고 싶은 말이 있어서야

봄,
너처럼 피어나고 싶다고
그래서 아픔도 사랑한다고.

◆ 시작메모

'님아! 그 강을 건너지마오'란 영화와 프로그램이 있었다. 노부부의 일상을 그린 평범한 사연이 영화화 되었다는 것이 신선하기는 했지만 늙고 죽는 게 무슨 가십거리가 된다고 만들었을까 했는데 그 아무것도 아닌 일상이 정말 쉽지 않다는 것, 하루세끼 밥 먹는 일이 정말 일상적인 것인데도 어떤 이에게는 힘든 것처럼, 우리 살아가는 삶 또한…

가시버시의 봄

사랑으로 시작해서 정으로 남는 사이
볼 꼴 못 볼꼴 다 보여줘도 애잔함만 남는 사이
없는 것 보단 그래도 있어주는 게 더 나은 사이

뭐니뭐니 해도 둘 사이가 젤 좋은 사이
돌아서면 남보다도 못한 사이
다시 태어난다면 절대로 만나고 싶지 않은 사이

그렇지만 누구보다 잘 되기를 항상 기도하는 사이
그러다가 저러다가 하늘에서 다시 만나는 사이
그 사이에 때가 되면 봄이 온다.

◆ 시작메모

며느리가 보면 가슴이 설레 바람이 난다하여 집 울타리
안에는 심지 못하게 했다는 명자꽃, 화려한 꽃과는
어울리지 않는 꽃말은 겸손, 그 화려함 속에 감춰진 가시.

명자꽃 피던 날

워메 그 꽃 때문이여야
고것을 보는 순간
가심이 벌떡거리는디
워디론가 가야되겄드랑께

멀쩡 없이 살랑거리는
이쁜 봄 옷을 찾아 입고
집을 나섰다가
그런 일이 생기붓당께

매화꽃까지 겁나게 핀
그 길을 지나는디
그 남정네 눈빛이
내 몸땡이에 착 감기드랑께

워쩔것잉가
순식간에 양볼이
연지 찍어보른 것 맹키로
벌거니 달아 오르는디

그날
그리되야붓당께

머덜라고 나갔다가
시방 요모냥이 되분건지

그래도 명자년 땜시
내 이뻰 자석들
커가는 거 봄시로
한해 한해 보내능거 아니겄능가

2부

너 바라기 꽃

◆ 시작메모

상대가 말을 하지 않아도 그 사람의 마음을 읽는 방법이 있습니다.
바로 눈을 바라보는 것이지요.

홍도

나는 알아
수줍어서 붉어진게 아니고
쪽빛바다와 눈이 맞아
벌떡거리는 가슴을 주체 못해
너도 모르게 온몸에
열꽃이 피어오른 거라는 걸.

◆ 시작메모

꽃 중 가장 많은 꽃말을 가진 꽃이 아네모네이다. 그래서인지 전해오는 슬픈 사연도 많은 꽃. 꽃말들을 가만히 들여다보면 모두 이별 후에 느끼는 안타까운 심정을 담고 있는거 같다. 모든 이별은 슬프기 마련이다. 그래서 난 아네모네를 볼 때마다 아프다.

아네모네

한때,
못 보면 죽을 것 같았던
사랑하는 사람도
속절없이 흐르는 세월에
무디어져 가고

봄의 사랑고백에 눈이 멀어
퍼뜩 꽃눈을 틔웠다가
뒤돌아보지 않고 떠나는 봄에게
상처받은 꽃잎은
큐피드 가슴에 꽂힌 화살마냥
파르르 떨며
제 목숨을 놓아버린다

사랑,
이 부질없음이여!

◆ 시작메모

한 여름 고속도로를 열심히 달리다보면 길 양쪽으로 서서 웃어주는 꽃이 있습니다. 100일 동안 꽃을 피운다 해서 백일홍으로도 불리우죠, 뜨거운 햇살아래 웃어주는 꽃, 꽃은 붉은 저고리 같고 푸른 잎은 여인의 치마 폭 같은…

배롱나무 꽃

금의환향 하는 어사된 듯
턱을 눈 밑까지 치켜들고
발걸음은
네 앞을 지날 때마다
허공을 딛는다

내 눈은
분홍빛 속에 고이 감추어진
젖가슴을 더듬느라
마른침만 삼키고

아름답던 너의 모습이
백일 피고 스러져 갈 때
머릿속을 스쳐가는 한 구절

인불백일호人不白日好―

◆ 시작메모

사람이 태어나서 죽을 때까지 한 사람만 사랑하다 갈 수 있을까?

너 바라기 꽃

해님만을 그리워하며
피는 꽃이
해바라기

달님만을 그리워하며
피는 꽃이
달맞이 꽃이라면

너만을 그리워하며
피는 꽃은
너 바라기 꽃
나, 꽃

◆ 시작메모

섬진강변엔 3색 봄이 흐른다. 하얀색 벚꽃과 노란색 수선화, 붉은색 홍매화가 그것이다. 구례 화엄사엔 올벚나무가 있다. 옛날 무기생산의 일환으로 심었던 많은 벚나무 중에서 살아남은 나무라는 뜻에서 올벚나무라 한단다.

벚꽃 사연

구례 화엄사
3백년 올벚나무
화피로 구국하려
긴 세월 버텼건만
가버린 님
돌아올 길 없고
갈갈이 찢긴 가슴
화개십리 벚꽃길에
한 맺힌 꽃잎만
난분분하다.

◆ 시작메모

조선 인조 때 고산 윤선도가 머물렀다는 보길도. 주변 경관이 깨끗하고 단정하여 기분이 상쾌하다는 뜻으로 이름 지어진 세연정도 있다. 보길도 초등학교엔 또 하나의 세상을 비추는 별들이 쏟아지고 있었다.

보길초의 별

하늘바라기가 보길초에
지천으로 핀 이유는
별을 보기 위해서 라네

밤이면 별들은 바다로 쏟아지고
바다는 모든 걸 품어주는 엄마가 된다네

엄마가 된 바다
그 속에서 꼬물거리며 태어난
또 다른 별들이
보길초 운동장을 누비며
다른 이들의 별이 되고 있다네

별은
모두의 마음속을 비추는
또 하나의 세상이라네

보길초의 별들은
바다에서 태어나
바다로 돌아가고 있었다네

◆ 시작메모

여수엔 낭만이 흘러 넘치는 여행지로 손꼽히는 쫑포가 있다. 그 곳에 세 들어 사는 낭만포차도 있다. 젊음이 활활 불타는 곳. 그곳에서 홀로 외로웠던 점방. 초승달이 머물렀던…

초승달 점방

초승달 밟으며
어딜 바삐 가는 거냐고 묻지 마라

동백꽃 붉은 꽃잎 떨군다고
동박새 울어 주는 곳
민들레 또 다른 세상을 향해
날아갈 채비를 하는 곳

그곳에 보름달을 심으러
뚜벅이 걸음을 재촉한다

가끔은 비닐 창문 틈새로
무지개가 가슴이 철렁거리는
고백을 하기도 하는 곳

별들도 사랑을 할까나?
쫑포 밤바다 버스킹 뜨면
그 벚꽃 다시 찾아 올까나?

그 벚꽃
동박새 울음처럼 다시 올까봐
초승달 밟고 바삐 왔다

◆ 시작메모

살다보면 나에게 뻔뻔할 때가 많다. 세월이 나를 훔쳐갔다는 이유를 대고 50이 넘었으니 내가 아줌마가 되는 건 당연지사라며 게을리 했던 많은 날들.
가끔은 잃어버린 나를 찾고자 하지만 나는 바람의 길을 지나고 있는 중이라서.

줌마, 설레다

만보이상 걸으면 건강에 좋다기에
돈들이고 억지로 가는 헬스 대신
블루투스 이어폰 귀에 꽂고
동네 운동장을 놀이하듯 걸었다

20여 일이 지난 어느 날
홀쭉해진 내 배가 보인다
힘든 운동도 안했는데 이럴 수가 있을까
갑자기 30대 때의 내 모습을 상상하며
잠시 설렜다

50대,
여자가 아닌 여자니까
배 나오고 볼 쳐진 건
당연한 거라며
나에게 뻔뻔했던 지난날에게
잠시 미안했다

50대 줌마렐라를 꿈꾸며
열심히 팔을 흔들며 설렜다

◆ 시작메모

'너는 누구에게 한 번이라도 뜨거운 사람이었느냐'고
묻던 안도현 시인의 말처럼
나 또한 누구에게 한 번도 뜨거운 적이 없어서 아직
이승에 빌붙어 사는 더부살이 生

장작

한 때
멋지게 펼쳤을 푸른 날개는
먼 산 어딘가에 묻어두고

남의 가슴에 불을 지피고
솥이 적다고 우는 소쩍새의
눈물을 말려주고

추운겨울 가장의
무거운 어깨를 달래줄
아내의 뒷물을 데워주고
아가들 곤히 잠들 아랫목
따끈따끈 올려주고

굴뚝 사이
제 한 몸 연기로 사라지는
아! 숭고함이여

◆ 시작메모

돌산대교가 놓이기 전엔 나룻배를 타고 건너갔던 섬.
섬과 도시를 잇는 대교가 생기며 없어진 돌산나루터.
문명의 이기가 만들어 낸
연륙교는 나루터를 사장시켜 버렸다.

쫑포 나루터

고향이 그리울 땐
나룻배를 타야했다

돌산대교와
여수밤바다가 삼켜버린
쫑포 나루엔 나룻배가 없다

내 그리움을
실어 나르던 나룻배는
무기징역형을 받고
쫑포 나루 쇠창살에 갇혀있다

바다를 건너지 못하는 나루터
쫑포 나루터

◆ 시작메모

자기의 욕심을 위해서 어둠의 세력과 손잡고 검은 돈을 벌어 옛 여인과 새로운 시작을 꿈꿨던 개츠비가 왜 위대한 인물로 묘사되는 건지 아이러니하다.

위대한 개츠비

개츠비에게 데이지는 꿈이었을까?

무모한 도전에 촉수를 세우고
사랑을 차지하면
영원할 거라고 생각했을까?

어긋난 세월
놓쳐버렸던 그 손을 잡는 순간이
다시는 잡을 수 없는
가장 아픈 순간이 될 거라는 걸 알았을까?

이상과 현실은 기차레일 같아
적절한 거리를 두고 함께 가야만
빛나는 관계란 걸 알았어야 했을까.

◆ 시작메모

날씨가 추워지면 따뜻한 아랫목이 생각난다. 어릴 적 따뜻한 아랫목에 깔아둔 이불 밑에 밥을 넣어두면 보온밥솥 역할을 하였고, 이불 덮고 빙 둘러 앉아 이야기꽃도 피우며 추운 날을 보냈다. 아랫목은 한국인만이 간직할 수 있는 추억이다.

아랫목

천근의 무게를 털어내고
내려앉은 뼈와 뼈 사이를 넓히며
들어선 곳엔
아비의 밥이 기다리다 잠들어 있고

가끔 내 밥도
아비가 지은 고슬한 몸가짐으로
그곳에 나란히 잠들어 있다.

하마 잊지 못할 추억이라도
파고 들 적엔
아빈 이불 덮어 같이 잠들게 하고
빈 밤을 지새웠으리

낯선 문화와 몸을 섞은
기다림이 타락해 버린 곳

어느 때 부터인가
그곳엔 휑한 바람이 잠들어 있다.

◆ 시작메모

기름 값 대신 받은 웃음꽃으로 며칠을 행복할 수 있다는 걸 느끼는 아침. 백합 향기와 아침인사를 나누며, 난 백합의 향기가 다 할 때까지 오드리 헵번이 부럽지 않았다.

로마의 휴일

"야! 백합 한 묶음만 사주라, 한 묶음에 오천원"
"갑자기 웬 백합 타령이여?"
"화양면 농공단지 쪽에 볼일이 있어서 왔는데 화훼농가에서 꽃을 못 팔아 울상을 짓고 있네, 돈도 돈이지만 애써 키운 걸 다 버려야 한다네"
"헐~ 그럼 안되지 두 묶음 갖고 와"

꽃을 갖다 주러 온 친구가 꽃배달을 따라 가자한다
시간도 있고 점심도 같이 먹을 겸 따라 나섰다.
"야! 꽃 배달 해주고 기름 값은 받았냐?"
"뭔 기름 값, 이렇게라도 팔아주니 그 사람 얼굴에 웃음 꽃 피는게 내 기름값이지"

다음날 아침
방문을 열자 거실에서 훅 날아오는 백합의 향기
나를 향해 꽃문을 연 백합 앞에서
난 헝클어진 머리에 퉁퉁 부은 얼굴로
모닝댄스와 윙크를 날려주었다

향기로운 오늘 아침이 로마의 휴일이다.

◆ 시작메모

비는 마음을 우울하게 만드는 묘한 마력의 소유자다.
비가 내리는 날은 누군가 나를 위해 울어주고 있는 것 같아서…

비의 하모니

투둑 투둑 투두둑

밤의 빗장을 풀고
먼 길을 달려왔구나

머리에서 가슴까지
그 먼 길을
쓰러지듯, 쓰러지듯
달려왔구나

한평생 달려가도 끝이 없는
가슴 종착역엘 닿기 위해
힘든 시간을 달려왔구나

이젠 곧 해가 뜰거야
어둠을 헤치고
마지막 숨을 몰아쉬며 부르는

비,
너의 노래

◆ 시작메모

한동안 겨울나기에 몰두하느라 거실에서만 맴돌다 봄기운이 완연함을 느낀 어느 날, 하얀 웃음으로 반겨주던 바람개비 꽃, 신부의 눈웃음 닮은 꽃.

마삭줄

악착같이 오르는 데는 이유가 있다
만나야 하기 때문이다

북풍한설 몰아치는 날을
죽은 듯이 견뎌내는데도 이유가 있다
꼭 만나야 하기 때문이다

말라 비틀어진 몸을 힘겹게 열어젖히며
새순을 밀어올리는데도 이유가 있다
너를 만나야 하기 때문이다

짙은 향기로 하얀 웃음으로
나를 기다리는 바람개비 꽃.

◆ 시작메모

스며든다는 것,
어떤 것의 전부가 된다는 것.

물의 꿈

물의 꿈에 관해 시를 쓰랍니다
추상적인 주제지만 소재는 다양하다 합니다
물도 꿈이 있었던가요

지천명이 넘어 꿈이 없어진지 오래인데
물의 꿈까지 헤아려보라니요

그런데 물 종류가 이렇게 많은지 몰랐습니다

내 몸속의 물부터
눈물, 바닷물, 계곡물,
예수님이 제자의 발을 씻기던 물,
포도주를 담근 물 등등

어떤 자리에서도 또 다른 이름으로 태어난다는
그게 물의 꿈이라는 걸 알게 된 날입니다

나도 다시 꿈을 가져야겠습니다
바람에 날리는 헛된 꿈이 아닌
어디서든 녹아드는 스밈의 꿈을 가져야겠습니다.

◆ 시작메모

마음이 내키지 않아도 어쩔 수 없이 돈을 써야할 때가 있다. 하기 싫어도 해야 하는 일이 있는 것처럼. 돈에도 마음이 있을 거라고 생각해 본다.

돈의 상처

제가 없으면 살지 못한다합니다
사랑도 행복도 모든 것이 저로 인해
생긴다고 합니다.
그런데 왜 사람들은
저를 이용할 줄만 알지 사랑해 주진 않는 건가요

저도 눈이 있고 마음도 있답니다
저도 안고 싶고 만지고 싶은 사람도 있지만
정말 싫은 사람도 있거든요

그러니까 제발
당신 마음대로 나를 보내지 말아요
저도 어두운 데는 싫답니다
밝은 빛이 비치고
내가 소금의 역할을 할 수 있는
그런 곳으로 인도해 주세요

저도 아플 때가 많다구요.

◆ 시작메모

미지로 향하는 첫 발걸음은 얼마나 두려운 것인지, 두려움과 새로운 곳의 동경, 그러나 인간은 사회적 동물, 새로운 곳에 적응력도 빠른, 고도의 지능을 소유하고 독특한 삶을 영위하는 만물의 영장, 나의 아기 새도 그렇게 날기 시작했다.

딸의 편지

'엄마! 나, 멀리 안가고 엄마랑 살래',
'일단 큰 도시로 나가서 살아보고 사는게 힘들고
엄마 보고 싶거든 그땐 다시 돌아와 엄마랑 같이 살게'

동그란 눈에 잔뜩 겁을 먹고
눈물 글썽이며 떠났던 딸아이에게
5년 만에 편지가 왔다
남자친구한테 편지 쓰고 편지지가 남아서
엄마한테도 보내는거란다

나쁜 가시나!
홀로서기를 가르치기 위해 보내긴 했지만
'엄마 보고싶어'하며
다시 오길 기다렸건만
나의 바람은 구겨진 편지지 마냥
묵살되어 있었다

어쩌랴!
잿빛하늘도 꽃진 자리도
그 모든 게 아름답게만 보이던
그 나이 때
내가 그랬던 것처럼
내가 그랬던 것처럼

◆ 시작메모

코로나가 급속히 확산되면서 우리의 일상도 많이 변해버렸다. 그 중 가장 힘든 시간을 보내는 게 의료진들이 아닐까? 그들에게 보내는 응원 메시지.

그대들이 의병입니다

총탄 빗발치는
전장에 나가야만 의병입니까
그대들이 진정한 의병입니다

그대들을 보내놓고
잘 싸운다 못 싸운다 티격태격
어느 나라 국민들인가요?

날아오는 총탄은 피하기라도 하지만
어디서 침입해 올지 모르는
바이러스에 노출된 그대들은
히포크라테스요, 나이팅게일입니다

나를 버리고 남을 구하는 그대들.
하늘에서 내린 신의 선물입니다

◆ 시작메모

36.5℃의 체온을 간직한 인간이 73℃가 되면
온 세상을 들었다 놨다 하는 가장 강한 집합체가 된다.

무덤덤한 이별

73℃

73℃에서 타는 물질을 검색했다
네이버 지식인도 잘 모르는가 보다
타기도 하고 부서지기도 하고
또 어느 땐 무덤덤하기도 한 73℃

100℃도 아니고 0℃도 아닌
73℃에서 녹아 내리기도 한다는데

100℃보다 뜨거웠다가
0℃보다 차가웠다가
73℃가 세상도 바꾼다

행복과 불행
만남과 이별
모든 인간사를 들었다 놨다하는
요놈의 73℃

◆ 시작메모

지금은 황금붕어빵, 황금잉어빵, 국화빵 등등 맛있는 간식거리가 많지만 그 시절은 붕어빵 하나만 입에 물어도 위장의 사자후를 충분히 달랠 수 있었다.

붕어빵

야간학교 가는 버스정류장에
마알갛게 나를 쳐다보던 붕어빵
친구 하나 나 하나 입에 물고
주린 배를 채웠던 붕어빵

오일장 귀퉁이 작은 손수레 위
붕어는 성공하여 황금붕어빵이 되었는데
나는 이제 갓 시집을 낸 시인이 되어
늙수그레한 국밥집을 찾아간다.

삼십오 년의 세월은
붕어도 황금으로 성공시켰는데
그동안 나는 무얼 했나

황금시인은 못되어도
훗날
붕어빵 사먹던 고향땅에
시비 하나 세우고 싶다.

◆ 시작메모

가을은 잃어버린 기억을 잘 불러낸다.
그날 아버지가 생각났던 것도 가을이 불러서였겠지?

영자언니 덕자

승합차를 빌려 가을 산행을 나섰다
한참을 달리다가 계기판을 보니 뒷문 열림에 불이 들어와 있다
조수석에 앉아있던 내가 뒷문이 안 잠겼다고 알려주자
뒷 쪽에 앉으신 분들이 난리다

뒷문이 열려 덕자가 떨어졌음 어쩔 뻔 했냐며
기사를 바꾸란다. 다 떨어져도 덕자는 안된단다.

다 떨어져도 덕자는 떨어지면 안된다는 말에
뭔가 대단한 것인가 보다 생각이 들어 물었다
"덕자가 누구래요?"
"응! 영자 언니여"
순간 "와!" 터지는 웃음소리

뻘쭘해 하는 나를 보며 한 일행이 알려 준다
고기를 잘 잡기로 소문난 어부가 어느 날
이름 모를 생선을 잡았는데 마땅히 부를 이름이 없어
자기 딸 이름인 덕자를 생선이름으로 붙여 덕자가 되었다고
병어 중에서도 크기도 최고이고 맛도 최고라는 덕자병어

우리 아버지께서 자랑스러워 하시던
면서기를 지내신 큰아버지께서 지어주신
내 이름에도 덕자가 있다
최고의 미인이 되기를 기원하고 지어주셨을까, 아님
최고의 덕을 겸비하라고 지어 주셨을까?
내 이름 미덕.

갑자기 영자 언니 덕자라는 병어의 이름에
미덕이라는 이름을 주고 가신 내 인생 최고의 멘토이신
아버지 박 순규씨를 떠올린다.
영자언니 덕자 덕분에 모처럼 나는 아버지와 손잡고
멋진 가을 여행을 하고 詩도 한 편 주웠다.

당신에게 단풍잎 편지를 쓰는 게
내가 가을을 보내는 유일한
방법입니다

◆ 시작메모

7명의 자식과 4명의 손주를 키워 내신 시어머니 냉장고에는 항상 자식들에게 나눠 줄 사랑으로 가득 차 있다. 주고 또 주어도 항상 부족한 게 자식을 향한 부모의 마음이 아닐까?

어머니의 냉장고

어머니의 냉장고에는
한 식구가 산다
손주의 아이스크림이 살고
몸 약한 아들의 한약재가 살고
당신이 먹다 남긴 고구마 하나가 산다

명절이면 다녀갈
자식들한테 나눠 줄
고춧가루, 들깨, 말린 나물이
그리움의 봉지에 담겨 있다

그러고 보니
거기에는 버리지 못할
미련도 같이 살고 있었다.

유통기한이 지난 다시다
손주들 오면 주려고
냉장고 깊숙이 넣어 둔 호박 땅콩 엿.

이번 명절에
어머니의 냉장고를 다 비워버렸다
그리움도

미련도
사랑도 모두 비웠다

하지만 어머니는 또 채우실 것이다
어머니의 몸이
다 비워지는 그날까지

3부

**너는 가고 없어도
가을은 온다**

◆ 시작메모

누군가는 떠나고 또 오고, 계절의 순환처럼 윤회하는 생,
이별하는 그 순간은 곧 죽을 것 같지만,
이 또한 지나가는 것, 그러면서 시간 따라 흘러가는 것.

너는 가고 없어도 가을은 온다

너가 없어도 가을은 오는가

서슬 퍼렇던 심장이 곤두박질하던 그날
다시는 울 것 같지 않았던
귀뚜라미도 슬피 울고
동백이 놓아버린 꽃자리에도
멍울이 맺혔다

너가 떠났다는 건
가슴의 통증으로 알 수 있지만
가을은 그런 나의 통증쯤이야 무시 한 채
또 다시 불타는 수채화를 그리고 있다

너가 없어도 가을은 온다.

◆ 시작메모

구속에서 빛을 발하는 자유처럼 혼자라는 말에는 자유와 외로움이 공존한다.

혼자라는 말

혼자라는 말에는
슬픔을 끌어당기는
내성이 있어
지독한 안개에도 가려지지 않아

하얀 밤을 밝히고
돌아서던 등 뒤로
슬픈 낙타의 눈썹을 가진 눈동자가
가을비 내리듯
흘러 내렸어

기약 없는 사랑이라고
침묵에 메마른 입술은
허공에서 달싹이고
그 한밤
절반의 사랑으로
그래서 이젠 이별 후에도
아프지 말자고 약속하며
우린 또 혼자가 되었지.

◆ 시작메모

처음 정동진 바닷가 해돋이를 보았을 때, 그 황홀함이란…
하지만 해가 떠오르고 발가벗겨진 바닷가의 모래시계는
초췌함만 가득했다.

정동진 연가

그날
비목어의 속삭임도
모래시계 초침처럼 잠겨들고
낯선 바람이 다녀간 정동진엔
발자국만 남았지

그리움이란
화인처럼 뜨겁지는 않아도
모래 위의 발자국처럼
가만가만 남겨둔 情을 끌어안고
솟대 같은 마음으로 사는 거라고
아픈 가슴끼리 다독이며
지금은
곁에 없는 누군가에게 보내는
슬픈 세레나데가
별물 속으로 잠겨들었지

◆ 시작메모

곤충인데도 사람이 싫어하지 않는 곤충 중의 하나이며, 특히 흰색 나비의 경우 죽어서 떠나간 영혼을 상징하기도 하는 걸 보면 나비는 넘치지 않는 아름다움의 상징이 아닐까 한다.

나비

가슴에 표본침을
꽂고 죽는다 해도
너의 작은 방안 액자로 남아
너의 눈길 받을 수 있다면 난 행복할거야

한때,
예쁜 꽃만 찾아다니던 내 삶의 종지부가
너의 눈빛 속이라면
허물어지는 양쪽 날개에
두 개의 표본침이 또 다시 박힌다 해도
난 행복할거야

억겁의 시간이 지나도
너의 눈빛 속에 나는 항상
우아하게 날개 펼친 나비여야 하니까.

◆ 시작메모

지금의 식탁은 거의 원탁을 찾아볼 수 없지만 예전 식구들 많았던 시절 밥상은 거의 동그란 원탁이었다. 옹기종기 둘러앉아 눈빛 마주치며 먹는 도리상엔 항상 정이 흘러 넘쳤다.

도리상처럼 살아가리라

망덕포구 밤바다
저 멀리 불빛이 아련하다

저녁식사를 위해 찾아간
허름한 식당
자그만 도리상에 올라온
반찬들
소박하지만 모두 맛있다

그래 이런 것이야
사는 일이란
풍성하지 않아도
풍성해지는 마음이 생기는 것

동그란 테두리
도란도란 둘러앉아
너 한 점 나 한 점
정 나눌 수 있는 모나지 않는
맘으로 살아가는 것.

◆ 시작메모

구름을 타고 나는 꿈을 가졌던 어린 시절이 있었습니다. 어느 날 흰 구름이 까만 구름으로 바뀌며 그 속에서 일어나는 천둥과 번개를 보게 되었죠, 그래서 구름을 타는 꿈을 접었습니다. 그리고 다시 꿈을 가진 게 별이 되는 것이었죠, 빛나는 것만이 생의 전부인…

구름의 에필로그

가끔은
하늘 아래 있다는 것에 감사하고
또, 어떤 때는
바람 위에도 있다는 것에
감사하기도 하지

무지개처럼
또는 달개비 녀석처럼
화려하거나
고풍스럽지는 않아도
내게도 숨겨진 매력은 있어

흰색에는 평화가
검은색 뒤엔
너도 깜짝 놀랄만한
천둥과 무서리도 있지

그렇지만
나 가끔은 별이 되고 싶어
숨겨진 매력보단
까만 화선지 위에서
밝게 빛나는
별이 되고 싶어

◆ 시작메모

바람도 글을 쓸 줄 알고 읽을 줄 안다면
얼마나 많은 얘기들을 들려줄까?
아니, 그 바람의 이야기를 들을 수 있다면…

바람의 낙서

골목길을 접어 들 때
어느 불 꺼진 창을
바라보던 바람을 보았다

유독 캄캄한 그 창을
흔들어보고 두드려도 보았다
그 창안에 그리움이
살았나 보다

한번 지나면 돌아올 수 없는
그 바람의 길에
낙인처럼 남겨놓은
바람의 낙서

행복해야 해.

◆ 시작메모

하화도 조그만 섬에 까맣게 말라 비틀어져 있던
누드베키아를 본 순간
갑자기 흘러 나오던 눈물, 콧물…
왜 그랬는지 난 아직도 모른다

하늘바라기

갸날픈 몸매에 노란 미소의 네가
사랑하는 사람을 기다리며
까맣게 타들어 가는 줄 몰랐어

네 온 몸
숯덩이로 변하고 나서야
알게 된 너의 아픔

영원한 행복도
영원한 사랑도 없는 거라는 걸
조금 더 빨리 알지 그랬어

세월이 가면 행복도 사랑도
흑백사진처럼 바래어지고
조금 씩 조금 씩 잊혀져가는 건데

바보같이 넌 죽어서도
하늘을 보는 거니

◆ 시작메모

느낌,
나만이 알 수 있는 미완의 언어…

느끼다

말하지 않아도 알아
니 눈빛이 날 바라보잖아

말하지 않아도 알아
날 바라보는 니 눈빛이 흔들리잖아

말하지 않아도 알아
흔들리는 니 눈빛 속에 웃고 있는 내 모습

말하지 않아도 알지
니 눈빛만 보아도
날 사랑하고 있다는 걸.

◆ 시작메모

여수에서 남서쪽으로 18.5km 떨어진 곳에 자리한 섬.
원래는 호랑이 같이 사나운 사람이 산다하여 백호도라
불렀으나 1897년 돌산군 설립 당시 백야도로 개칭되었
다고 한다.
몽돌로 이루어진 바다와 야생화들의 놀이터다.

백야도 소나타

몽돌과
백야 바다 은빛 물결이 들려주는
푸른 협주곡을
감상하는 곳.

지긋이 눈감고
사랑의 세레나데를 부르면

봄 처녀 가슴마냥 부풀어 오른
살갈퀴 꽃

사랑에 눈멀어
부끄러운 줄도 모르고
온 몸을 열어 유혹하는
백야도

지금 뜨겁다.

◆ 시작메모

새 생명의 탄생은 경이로움이다. 어느 날 가족사진에 다섯 명이던 사람이 세 명으로 줄어들더니 이젠 다시 다섯 명이 되었다. 세월은 이렇게 모든 걸 바꿀 수 있는 능력자이다.

손녀에게

12월의 첫날
하얀 눈처럼 온 아이야

280일 동안
꿈을 꾸는 호수에 머물다
세상 빛 환한 날
일각으로 온 사랑아
"응애" "응애"
하늘의 언어로 첫 인사를 하며
천사의 깃털로
살포시 안긴 내 사랑아

하늘도
바람도
해도
달도 반해버린 내 사랑아

넌 어느 별에서 왔니?

◆ 시작메모

사랑하는 마음이 항상 뜨겁지 않듯,
이별도 항상 아픈 것만은 아니지.
모든 것은 내가 맘먹기에 달린 거니까,
이별은 또 다른 시작일 뿐이라고…

무덤덤한 이별

당신은 이별을 말하지 않았지만
난 지금 이별하고 있는 중입니다

밤하늘 운석처럼 끝도 없이
어딘가로 떨어지는 맘이
억새의 허리춤을 감고 돌며
흔들리는 건
네가 아니고 나라고

바람의 사주로 먼 길을 헤매다
노을도 에돌아 나오지 못하고 빠져드는
늪지 같은 당신의 마음속에
잠시 사자 별자리로 머물다 가는 저녁

항시 허공을 응시하는 당신 눈의
초점이 박히는 화려한 미래는
내가 감당할 수 없는 굴레라서
난 당신을 생각하는 날마다
이별을 합니다

한때 또렷했던 당신의 물병자리가
희미해져 가는 건

또 다른 곳에서 빛나는 별자리가
비추고 있기 때문이란 걸 압니다

그 빛에 가려 보지 못한
나의 이별도
당신에겐 무덤덤한
한 끼의 식사 같은 것일 뿐입니다.

가슴이 먹먹해지는
그리움이 찾아들면
멍처럼 그냥
가슴에 담아두는 것

◆ 시작메모

목숨의 전부를 탕진할 만큼 폼 나는 사랑 한번하고 이승을 떠날 때 위로 받는 삶을 살다가 간다면 우리 모두 겨울나무가 되진 않을 것이다.

겨울나무

겨울바람에 생채기 난 잎들은
저녁이면 살며시 찾아오는
땅거미의 위로가 필요했어

아등바등 아픈 상처를
이리저리 내보인다고
이미 헐어버린 마음이
다시 떠오르는 해처럼
무던할 순 없는 거잖아

위로받은 내 삶처럼
나 또한 누군가에게
위로를 줄 수 있는 삶이라면
짓눌리고 꺾이는 세파에도
난 견딜 수 있어

폭설에 덮여
세상 분간할 수 없는 순간에도
위로는 안식을 주거든

헐벗은 마음이
화르르 떨며 내려앉아

안식을 주었듯이

나
봄으로 가는 꿈을 놓지 않아

어긋난 세월
놓쳐버렸던 그 손을 잡는 순간이
다시는 잡을 수 없는
가장 아픈 순간이 될 거라는 걸

◆ 시작메모

누군가를 알게 된 후로 마음이 항상 달려가는 곳이 있습니다. 민들레 홀씨처럼 홀연히 날아가서 안기고 싶은…

너에게로 가는 길

한발 한발 두드려보고
건넜어야 했지
너의 눈 속에 내가 있어도

늙은 억새는 이리저리 흔들리고
건너편 네 모습이 억새 따라
보였다 안보였다

신기루인지도 몰라
민들레 홀씨처럼
홀연히 어디론가 날아가면
그 자리에 원래 없었던 건지도

내가 건넜던 징검다리에
구절초만 피었어도
너에게 그렇게 빨리 달려가진
않았을 거야

네 눈속에 내가 있었다는 건
나의 허구인지도 몰라
너에게 빨리 가기 위해
내가 만들어 낸 위선

두드러 보지도 않고
한달음에 달려간 미련함으로
심장은 난도질당한 듯
벌떡 거리는데

난 아직도 너의 눈 속에 있지 않고
몇 개의 징검다리가 있어

무덤덤한 이별

◆ ◆ 발문

들꽃 같은 소녀의 해맑은 이야기

백 학 근 시인

　박미덕 시인을 처음 만난 것은 2012년 봄으로 기억된다. 그 후부터 줄곧 함께 글을 배우고 익히고 각종 모임에도 동참하게 되었으니 글이 맺어준 우정이 남다르게 이어져 왔다. 이번 시집은 지난 2015년 '내 꿈을 향해 도전'한다는 「그리움은 그리움끼리」 첫 시집에 이어 두 번째다.

　시인은 현재 직장인이면서 국제와이즈멘클럽을 비롯한 사회 봉사활동에 남다른 관심과 열정으로 참여하고 있다. 그리고 자기 성장을 위하여 할머니가 된 만학도로서 학업을 멈추지 않고 대학원에 진학하여 매진하는 모습을 보면 그의 집념에 저절로 박수를 보내고 싶다.

　'시는 언어의 예술이다.' 그리고 시인의 영혼이 고스란히 담긴 그릇이라고 한다.

글을 쓴다는 것은 송두리째 벗어버리고 목욕탕에 들어서는 것이라 할 수 있다. 목욕을 다 마치고 거울에 비친 자신의 모습은 어쩌면 갈고 닦은 독창적인 형상으로 내놓은 한 편의 글이요, 자신의 삶을 백일하에 드러내놓은 고백이라 할 것이다.

T.S 엘리엇은 '모든 시는 하나의 묘비명'이라 했다. 누구나 자신의 세계가 무한하고 자유롭고 낭만적이라 하겠지만 결국 인간답게 살아가는 것이 좌우명일 것이다.

지금으로부터 2천 년 전인 춘추시대에도 말세라는 말이 있었다고 한다. 원래 말세가 되면 불법이 땅에 떨어지면서 악독하고 어지러운 세상이 된다고 했는데 오늘날 말세의 의미는 정치나 도덕, 풍속 따위가 매우 쇠퇴한 시기를 가리킨다고 한다.

우리나라는 예로부터 삼천리 금수강산이라 했다. 살기 좋은 나라는 우선 먹을 것, 입을 것, 잠잘 곳이 걱정이 없는 나라일 것이다. 우리나라는 오래도록 난국을 잠재우고 즐겁고 살 만한 세상으로 변화시키는 데 문학의 힘이 크게 이바지해왔다.

얼마 전만 해도 전철이나 고속버스에 오르면 신문이나 잡지 등을 보는 모습이 제법 눈에 띄었으나 요즘에는 찾아보기가 어려운 실정이다. 사람들의 관심에서 멀어지고 있다. 우리는 어쩌다가 문학이 시들어가는 세상에서 살고 있는 것이다. 문학이 소외되고, 예술이 외면당하고 있는 오늘

날의 현상은 슬픈 일이다. 여러 가지 이유가 있겠지만 살아가기도 벅찬 세상에 너무 복잡한 내용을 좋아할 여유가 없다는 것이다. 요즘 들어 글은 읽기 쉽게 써야 한다고들 한다. 개미와 베짱이 이야기처럼 초등생이나 대학생이나 쉽게 공유하고 재미가 있어야 한다는 소리가 높아지고 있다.

　박 시인은 우리의 가까운 삶에서 글감을 찾아 손쉽게 그려 내고 있음을 알 수 있다.

　　　사랑으로 시작해서 정으로 남는 사이
　　　볼 꼴 못 볼꼴 다 보여줘도 애잔함만 남는 사이
　　　없는 것 보단 그래도 있어주는 게 더 나은 사이

　　　뭐니뭐니 해도 둘 사이가 젤 좋은 사이
　　　돌아서면 남보다도 못한 사이
　　　다시 태어난다면 절대로 만나고 싶지 않은 사이

　　　그렇지만 누구보다 잘 되기를 항상 기도하는 사이
　　　그러다가 저러다가 하늘에서 다시 만나는 사이
　　　그 사이에 때가 되면 봄이 온다.
　　　　　　　　　　　　―「가시버시의 봄」 전문

　한집에 사는 부부라 할지라도 사는 방식이 다르다. 입맛이나 잠버릇이 다르고 감정의 굴곡이 다르다. 남편은 개콘을 좋아하는가 하면 아내는 드라마를 좋아하기도 한다. 둘 다 애주가이면서도 한 사람은 소주를 좋아하고 또 한 사람은 맥주를 선호할 수도 있다.
　이는 어느 한 사람이 틀린 게 아니라 다를 뿐인데 한 잔

들어간 기분에 혀가 꼬부라지고 말이 빗나가기도 할 것이다.

 일상에 있을 법한 그렇고 그런 뻔한 이야기, 가장 가까운 거리에서 보고 듣고 느끼는 아주 사소한 내용을 그림 그리듯이 그려 내고 있다. 우선 쉽고 한눈에 볼 수 있는 그림처럼 느껴진다. 금방 무슨 말인지 알아보기가 편해서 좋다.

 "다시 태어나도 절대로 만나고 싶지 않은 사이" 이처럼 미운 정 고운 정 알콩달콩하다가도 "그렇지만 누구보다 잘 되기를 항상 기도하는 사이", "때가 되면 봄이 온다"는 긍정적인 마인드가 박 시인의 매력이다.

> 가끔은
> 하늘 아래 있다는 것에 감사하고
> 또, 어떤 때는
> 바람 위에도 있다는 것에
> 감사하기도 하지
>
> 무지개처럼
> 또는 달개비 녀석처럼
> 화려하거나
> 고풍스럽지는 않아도
> 내게도 숨겨진 매력은 있어
>
> 흰색에는 평화가
> 검은색 뒤엔
> 너도 깜짝 놀랄만한
> 천둥과 무서리도 있지

그렇지만
나 가끔은 별이 되고 싶어
숨겨진 매력보단
까만 화선지 위에서
밝게 빛나는
별이 되고 싶어

―「구름의 에필로그」 전문

시인은 너무나 평범한 일상 즉 '하늘 아래 있다는 것'과 '바람 위에 있다는 것'만으로도 감사하다고 했는데 이런 감정을 이해하려면 시인을 좀 더 가까이 다가가서 그 내면을 알아볼 필요가 있다.

박 시인의 처녀작 「그리움은 그리움끼리」(2015) 에필로그에 보면 자기 신상에 대해서 한 점 부끄럼 없이 자상하게 밝히고 있다.

> 저의 아버지는 독사에 물려 열 손가락, 열 발가락을 20대 청춘에 다 잃으시고 남편을 일찍 여의고 혼자이시던 어머니를 아내로 맞았고 아들을 낳았지만 젖도 떼기 전에 하늘나라로 가버려서 그 후에 제가 생겨서 낳았다고 합니다.
> 어머닌 제가 초등학교 입학 전에 갑자기 아프셔서 쓰러지시더니 그 길로 하늘나라로 가셨답니다. 〈중략〉

보통 어려웠던 시절의 과거는 남 앞에 드러내기가 그리 쉬운 것은 아니다. 불우한 가정사는 더욱 그럴 것이다. "1급 지체 장애", "알코올성 치매"로 고생고생하시다 떠나가신 아버지, 그리고 싫은 내색 하나 없이 20여 년을 같이 모시고 함께 했던 남편까지 먼저 보낸 박 시인의 인생사는 참으로 안타깝다고 할 것이다. 그러나 박 시인은 이에 굴하지 않고 오히려 잘 받아들이고 극복하여 승화시키는 삶을 살고 있는 것이다.

  2연에서 자신은 '무지개'나 '달개비'처럼 화려하거나 고풍스럽지는 않아도 매력 있는 여성으로 살아간다는 의지를 나타내고 있으며, 3연에서는 천둥, 무서리 같은 옹이를 가슴에 안고 사는 시인의 마음을 엿볼 수 있다. 그리고 언젠가는 스타가 되고 싶다는 속내를 드러내고 있다.
  어려운 환경 속에서 바닥 인생을 일찍 경험한 탓일까? 평소 박 시인은 매사에 감사할 줄 아는 사람처럼 보인다. 하나를 얻으면 둘을 주고 싶어 하는 심성을 소유하고 있다.

> 요즘 일과에 쫓기느라
> 시 쓰는 일을 등한시 했다
> 아니 도통 시가 써지질 않았다
>
> 컴퓨터 속 글을 내 머릿속으로
> 어거지로 구겨 넣었더니
> '퉁'하고 다시 튀어나온다
> 에라이, 종료버튼 누르고 나와
> 2014년 신춘문예 당선시집을 읽는다
>
> 도대체 요것이 다 뭔 내용이당가?
>
> 아까 다시 튀어나온 컴퓨터 속의 글이

바깥세상 미세먼지와 혼합되어
형이상학적 문장을 만든다

당최 이해할 수 없는 시어들
내 시어도 아직 가출중이다
―「내 시어詩語는 가출 중」 전문

  오늘날은 이름하여 일인다역의 시대다. 낮 근무를 마치고 밤에 또 다른 일을 해야 하는 현실은 항상 시간에 쫓기면서 살 수밖에 없는 세상이다. 어느 것이 본업이고 어느 것이 부업인지 모르고 바쁘게 돌아가는 일상이다. 가족끼리 한자리에 모두 모여 식사하기도 어려운 실정이다.
  어떻게 살아야 잘 사는 건지? 먼 미래의 행복을 위해 지독하리만큼 오늘을 포기하거나 희생하며 살아야 하는지 헷갈릴 때가 많다. 어느 지인 이야기인데 자기 목표가 이루어질 때까지 라면만 먹고 젊음을 구두쇠처럼 보내다가 목표 달성을 목전에 두고 위암에 걸려 사망했다는 일화는 참으로 씁쓰름한 이야기다.

  요즘 들어 한 줄의 글을 쓰기도 시간 내기가 벅찬 상황이라 이를 두고 '내 시어들은 아직도 가출 중이다'고 했으니 박 시인은 자신의 처지를 이처럼 넉넉하게 여유를 부리고 있는 것이다.

워메 그 꽃 때문이여야
고것을 보는 순간
가심이 벌떡거리는디

워디론가 가야되겄드랑께

멀쩡 없이 살랑거리는
이쁜 봄 옷을 찾아 입고
집을 나섰다가
그런 일이 생기붓당께

매화꽃까지 겁나게 핀
그 길을 지나는디
그 남정네 눈빛이
내 몸땡이에 착 감기드랑께

워쩔것잉가
순식간에 양볼이
연지 찍어보른 것 맹키로
벌거니 달아 오르는디

그날
그리되야붓당께
머덜라고 나갔다가
시방 요모냥이 되분건지

그래도 명자년 땜시
내 이쁜 자석들
커가는 거 봄시로
한해 한해 보내능거 아니겄능가
―「명자꽃 피던 날」 전문

명자꽃은 봄에 피는 붉은 꽃으로 그 모습이 화려하지 않고 청순해 보여 애기씨꽃, 처녀꽃, 각시꽃, 가시덱이, 산당화 등 별명을 여러 개 가지고 있다. 줄기에 가시가 있어 울타리용으로도 쓰이고, 원예종으로 개량되고 있어 꽃 색깔도 매우 다양해지고 있다.

  우리나라를 비롯하여 중국 및 일본에 자생하는 키 1~2m 정도의 작은 낙엽성 관목이며. 봄에 주홍빛 꽃들이 줄기 마디사이에서 다발로 피고 꽃에서 부드러운 향기가 나고, 가을에는 상당히 큰 녹황색 열매가 달리는 꽃이다.

  '신뢰, 수줍음, 겸손'이라는 꽃말 때문에 박 시인은 명자꽃을 좋아하는지 모른다. 이 꽃을 여자가 보면 바람이 난다고 하여 집 안 정원에는 심지 못하게 했다는 말이 있을 정도로 매혹적이라는데, 엄동설한에 움츠렸던 긴 터널을 훌훌 털어버리고 모처럼 행차한 봄나들이에서 자신과 비슷한 명자꽃을 보았으니 얼마나 좋았을까? 가슴이 활짝 벌어지고 단숨에 시 한 편을 건졌을 것이다. 사투리로 읊은 노랫말들이 한층 더 정겨워 보인다.

    봄 꽃 자지러지며 곤두박질치는
    수덕사 오르는 길

    일주문 지나 들어선 경내
    "차 한 잔 하고 가시지요"
    여승의 목소리가
    비 내리는 날의 벚꽃 잎 같다

    그녀의 얼굴 사이사이로
    푸른 정맥이 살아온 길을 더듬으며
    지나고 있고
    손등엔 사금파리 마냥 추억이 앉아있다

파르라니 깎은 머리 위로
일렁이는 바람
비우며 용서하며 살아온 세월이
불향으로 번진다.

작년 가을에 거두어 만들었다는
국화차를 따르는 여승의 자태에서
먼 길 떠난 어머니의 치맛자락 소리가 들린다

멀어지는 봄의 장송곡이다
—「봄의 장송곡」 전문

　봄꽃이 완연한 화창한 날에 수덕사 오르는 길에서 박 시인의 뇌리를 스치는 아픈 추억에 남다른 생각에 잠겼을 것이다.
　대개 스님들은 석가모니 부처님이 열반하셨던 81세를 목표로 한다고 한다. 그런데 요즘은 부처님의 삶보다 오래 사는 스님들이 해가 갈수록 많아지고 있다.
　요즘은 100세 시대를 구가하고 150까지 살다 가리라는 노래가 한창이다. 한편 현대 의술이라면 어머니를 그리도 빨리 떠나보내는 일은 없었을 것인데 안타까운 일이다.

　"여승의 목소리가 비 내리는 날의 벚꽃잎 같다", "비우며 용서하며 살아온 세월"은 누구를 가리키는지 알 것 같다. 국화차를 따르는 여승의 자태에서 어머니를 발견하고 어렸을 때로 돌아가서 자신의 삶을 회상하고 있는 모습이 선하다.
　초등학교 입학도 하기 전에 떠나가신 어머니, 더구나 불구가 되신 홀아버지 품에서 어린 시절을 보냈을 박 시인의 마음에 어머니를 떠나보낸 마음처럼 봄을 보내야 하는 애달픈 마음을 읽을 수 있다.

    어머니의 냉장고에는
    한 식구가 산다
    손주의 아이스크림이 살고
    몸 약한 아들의 한약재가 살고
    당신이 먹다 남긴 고구마 하나가 산다

    명절이면 다녀갈
    자식들한테 나눠 줄
    고춧가루, 들깨, 말린 나물이
    그리움의 봉지에 담겨 있다

    그러고 보니
    거기에는 버리지 못할
    미련도 같이 살고 있었다.

    유통기한이 지난 다시다
    손주들 오면 주려고
    냉장고 깊숙이 넣어 둔 호박 땅콩 엿.

    이번 명절에
    어머니의 냉장고를 다 비워버렸다
    그리움도
    미련도
    사랑도 모두 비웠다

    하지만 어머니는 또 채우실 것이다
    어머니의 몸이
    다 비워지는 그날까지
                    —「어머니의 냉장고」 전문

어머니의 냉장고를 통하여 화기애애한 오늘날의 모습이 살갑다. 며느리는 홀로 계신 시어머니를 걱정하고 어머니는 며느리와 손주들을 위하여 냉장고를 채운단다. 보물단지처럼 아끼고 서로가 경쟁하듯이 차곡차곡 쌓아두는 따스한 손길 그 마음은 눈으로 직접 보듯 철철 넘치는 사랑이다. 오면 가면 보성 시댁을 자주 들리는 박 시인의 속내를 짐작할 수 있다. 얼마 전에 손자가 귀한 증손녀를 안겨주었으니 할머니의 냉장고는 더욱 싱싱하리라는 생각을 하게 된다.

    망덕포구 밤바다
    저 멀리 불빛이 아련하다

    저녁식사를 위해 찾아간
    허름한 식당
    자그만 도리상에 올라온
    반찬들
    소박하지만 모두 맛있다

    그래 이런 것이야
    사는 일이란
    풍성하지 않아도
    풍성해지는 마음이 생기는 것

    동그란 테두리
    도란도란 둘러앉아
    너 한 점 나 한 점
    정 나눌 수 있는 모나지 않는
    맘으로 살아가는 것.
                ―「도리상처럼 살아가리라」 전문

포스코를 비롯하여 많은 산업단지 그리고 수만 톤급의 배들이 활발하게 드나드는 광양만은 불야성이다. 해안 곳곳마다 휴양지, 음식점 등등 여가를 즐길 수 있는 유락시설이 산재해 있다. 망덕포구도 이에 해당하는 곳이다. 내륙 깊숙이 들어온 긴 해안선을 따라 음식점이 즐비하게 늘어서 있고 잘 정돈된 곳이라 평일이건 주말이건 여행객들의 발길이 잦은 곳이다. 낮에는 푸른 하늘과 호수 같은 바다에 취하고 밤에는 오색찬란한 공단의 불빛에 마음을 빼앗기는 곳이기도 하다.

한 해를 돌아보고 새해의 약진을 위하여 박 시인과 그 일행이 찾아갔던 날의 일기 같다. 상다리가 부러질 정도의 진수성찬도 좋겠지만 동그란 테이블에 도란도란 둘러앉아 오순도순 살아가는 아주 평범한 곳에서 삶의 보람을 찾고 있는 소박한 시인이다. 지금까지가 가시밭길이었다면 지금부터는 꽃길만 걸어가리라 생각한다.

    골목길을 접어 들 때
    어느 불 꺼진 창을
    바라보던 바람을 보았다

    유독 캄캄한 그 창을
    흔들어보고 두드려도 보았다
    그 창안에 그리움이
    살았나 보다

    한번 지나면 돌아올 수 없는
    그 바람의 길에

낙인처럼 남겨놓은
　　　바람의 낙서

　　　행복해야 해.
　　　　　　　　　　　―「바람의 낙서」 전문

　사람은 한번 지나면 돌아올 수 없는 인생 길을 간다. 그러면서 그 곳에 온갖 그리움, 정, 사랑, 이별 등을 남기고 가는데 박시인은 추억을 낙인처럼 깊이 간직하고 친구처럼 지내며 혼자 외롭지 않으려 모든 이들의 행복을 빌어주는 삶을 사는 것이다.
　낙인처럼 남겨놓은 바람의 낙서…
　바람이 남겨놓은 낙인은 그녀에게 어떤 추억을 간직하게 하였을까?

　　　칼로 베인 상처보다
　　　말로 베인 상처가 더 아프다는 것
　　　그래서
　　　상처 중에 가장 아픈 상처가
　　　마음의 상처라지
　　　약도 없고 주사도 없고
　　　단지
　　　시간만이 낫게 해준다는

　　　하지만
　　　꼭 시간이 다 해결 해주는 건 아니었어

　　　덜 아문 상처에
　　　또 다른 상처를 더 하다보면

무덤덤한 이별

메스로도 도려내지지 않는 옹이가 되는 건데
옹이의 상처를 알게 되었을 땐
어떤 치료제도 없다는 것을 알았어

신약!
쳇! 개나 먹으라지
옹이의 상처치료제는
스스로 뿜어내는
용서의 페로몬 밖에 없다고.
—「상처 치료법」 전문

  살다가 보면 본의 아니게 남에게 상처를 주기도 하고 상처를 받기도 하며 산다. 그런데 정작 말로 상처를 준 사람은 모르는데, 받은 사람은 가슴에 멍처럼 안고 살아가기도 한다. 비수처럼 박힌 말의 상처를 아프지 않게 빼내는 데는 용서하는 마음밖에 없다는 박 시인의 글 속엔 세상살이를 유연하게 살아내는 모습이 보인다. 박 시인의 마음은 항상 해맑은 소녀같다.

나는 타인이 되자하고
그 사람은 연인이 되자합니다

그 사람과 나의 생각이 다른 점은

나는 너무 사랑해서 이고
그 사람은 사랑이 식어서 랍니다

모순이 모순을 묻는 사이
두 사람 그림자가 그네가 됩니다.
—「사랑의 모순」 전문

사랑은 일종의 정신병이다. 이 사람 아니면 죽을 것 같아서 했던 결혼인데 살다 보니 꼭 그렇지만은 않더란다. 사랑은 꽃과 같아서 쉽게 피고, 쉽게 꺾이고, 쉽게 시든다고 한다. 그러나 사랑은 꽃과 같아서 아름답다고 하니 모순이 아닐 수 없다.

호박이나 몽돌처럼 둥글게 둥글둥글 살았으면 좋겠다는 말도 있다. 갠 날도 있고 비 오는 날도 있듯이 알콩달콩 살아가는 삶이 바로 박 시인이 말하는 '사랑의 모순'인가 싶다.

아등바등 아픈 상처를
이리저리 내보인다고
이미 헐어버린 마음이
다시 떠오르는 해처럼
무던할 순 없는 거잖아

위로받은 내 삶처럼
나 또한 누군가에게
위로를 줄 수 있는 삶이라면
짓눌리고 꺾이는 세파에도
난 견딜 수 있어
…(중략)…

나
봄으로 가는 꿈을 놓지 않아
—「겨울나무」 일부

살면서 아프면 아프다고 좋으면 좋다고 행복하면 행복하다고 모든 마음의 표현을 하며 사는 사람이 얼마나 될까?

박 미덕 시인도 누군가에게 위로 받기도 하고 또 누군가에게 위로를 줄 수 있는 삶이라면 힘든 일도 다 견디어 낼 수 있다고 말한다. 그래서 꿈을 놓지 않는다고. 꿈이 없는 삶은 죽은 것과 같다는 어떤 이의 말이 생각나는 시이다.

> 나는 알아
> 수줍어서 붉어진게 아니고
> 쪽빛바다와 눈이 맞아
> 벌떡거리는 가슴을 주체 못해
> 너도 모르게 온몸에
> 열꽃이 피어오른 거라는 걸.
> ―「홍도紅島」 전문

가끔은 실망으로 살다가도 또 어쩌다 보면 자만심으로 살아가기도 한다. 살다 보니 조금씩 철이 드는가 보더라면서 요즘은 날마다 비우고 사는 재미를 맛본다고 한다. 말이야 쉽지, 보면 달아오르고 들으면 짜증스러운 게 더 많은 세상이다. 앞에서 미소 짓고 돌아서면 칼을 가는 각박한 세상, 지구촌 어디를 돌아보아도 공짜는 없는 것이다.

목포 북항에서 여객선으로 2시간 반이면 닿는 섬 홍도, 지금은 하루에 2번씩 왕복하는 배편이 있다. 어쩌면 곧 비행기 타고 쉽게 오갈 수 있는 빼어난 관광지로서 소문난 곳이다. 모처럼 박 시인이 가족끼리 홍도에 묵으면서 자신의 처지와 같은 홍도를 발견한 모양이다. '쪽빛 바다', '벌떡거리는 심장', 그리고 온몸에 피어오르는 열꽃을 보면 용암처

럼 발돋움하고 있는 자신의 속내를 드러냈는데 열정적으로
살아가는 당찬 모습을 볼 수가 있다.

    야간학교 가는 버스정류장에
    마알갛게 나를 쳐다보던 붕어빵
    친구 하나 나 하나 입에 물고
    주린 배를 채웠던 붕어빵

    오일장 귀퉁이 작은 손수레 위
    붕어는 성공하여 황금붕어빵이 되었는데
    나는 이제 갓 시집을 낸 시인이 되어
    늙수그레한 국밥집을 찾아간다.

    삼십오 년의 세월은
    붕어도 황금으로 성공시켰는데
    그동안 나는 무얼 했나

    황금시인은 못되어도
    훗날
    붕어빵 사먹던 고향땅에
    시비 하나 세우고 싶다.
                                   —「붕어빵」 전문

  거리에 나서면 드문드문 목마다 붕어빵을 파는 곳이 보인다. 과거에 비해 크기나 재료가 조금 변했을지 모르지만 한두 개 먹고도 더 먹고 싶을 때가 있다. 요즘에는 붕어빵 대신 종이컵에 담은 떡볶이를 손에 들고 버스에 오르는 학생들을 종종 볼 수 있다. 주전부리도 시대에 따라 변하는 모양이다. 한참 먹을 때라 생각된다.

"야간학교 가는 버스정류장에
마알갛게 나를 쳐다보던 붕어빵"

또래들은 학교를 마치고 집으로 돌아갈 때쯤 박 시인은 이제 일과를 끝내고 야간학교를 향해 바쁘게 달렸을 것이다. 겨우 붕어빵 하나로 주린 배를 달랬던 학창 시절을 떠올리고 있다. 아주 먼 옛날얘기가 아니고 불과 몇십 년 전 우리의 모습이다.

박 시인이 바라보는 오늘날 길거리의 붕어빵은 배가 고파서 먹는 빵이 아니고 추억으로 먹는 빵일 것이다.
"붕어빵 사 먹던 고향 땅에 시비 하나 세우고 싶다"는 박 시인의 소박한 꿈이 이루어지리라 믿는다. 추억은 추억일 때 아름답다는 말이 떠오른다.

박 시인은 때 묻지 않는 10대 소녀 같다. 누구라도 해맑게 대하고 친근감을 느끼게 하여 금방 말벗이 되고 주위에 사람들이 늘 모여 있다. 세상을 살아오면서 부단한 노력의 결과라는 생각이 든다. 처절한 외로움이나 밑바닥 인생을 먼저 경험했기에 늘 가까운 곁이 그리웠을 것이다.
박 시인이 노래한 글이 누구에게나 살갑고 신선함을 선사한 이유가 바로 여기에 있다. 우리의 일상에 아주 가까운 곳에서 찾아볼 수 있는 아픔들이 심금을 울리고 있기에 더욱 그렇다.

봉사활동 모임도 남다르게 많다. 있어야 할 곳에 먼저 가 있지만 그렇다고 내색하지 않는 성미다. 머리로 대하지 않고 가슴으로 반기는 사람이요, 게으르지 않고 부지런하기에 가능한 것이다. 오 리까지 가자면 십 리까지 함께 갈 위인이다.

박 시인은 예전에는 사람이 고픈 사람이었는데 지금은 사람이 넉넉한 사람이 되어가고 있다. 나 자신을 조금 팽개치더라도 더불어 사는 삶의 기쁨을 만끽하면서 가속페달을 열심히 밟고 있는 것처럼 보인다. 동에 번쩍 서에 번쩍 뛰는 것도 중요하지만 가끔은 쉬엄쉬엄 재충전하는 시간도 필요하다는 것을 귀띔해주고 싶다.

이번 박 시인의 두 번째 시집에 이어 앞으로도 10대 소녀처럼 해맑은 노래 많이 들려주리라 믿고, 얼굴에 둥근 해가 항상 떠 있는 멋진 삶이 되기를 바란다.

박미덕 제2시집
무덤덤한 이별

인　　쇄	2022년 5월 27일
발　　행	2022년 5월 31일
지 은 이	박 미 덕
펴 낸 이	박 형 철
편집총괄	박 미 라
편　　집	국 진 경
펴 낸 곳	(사)한림문학재단 · 도서출판 한림
	61488 광주광역시 동구 백서로125번길 11(금동)
	(062)226-1810(代) · 3773 FAX 222-9535
	E-mail　hanlim66@hanmail.net
	출판등록　제05-01-0095호(1990. 12. 14.)
	공보처등록　바1717호(1992. 6. 2.)

ⓒ 박미덕, 2022
값 10,000원
ISBN 978-89-6441-463-7　03810

* 이 책의 판매처 : 서울/ 교보문고